LA MÉNAGERIE PARISIENNE

PAR

Gustave Doré

PARIS

Au Bureau du JOURNAL POUR RIRE.
Rue Bergère N° 20.

Lith. Vayron, rue Galande 54, Paris.

LA MÉNAGERIE PARISIENNE

PAR

Gustave Doré

PARIS

Au Bureau du JOURNAL POUR RIRE,
Rue Bergère N° 20.

Lith Veyrot, rue Galande 51 Paris.

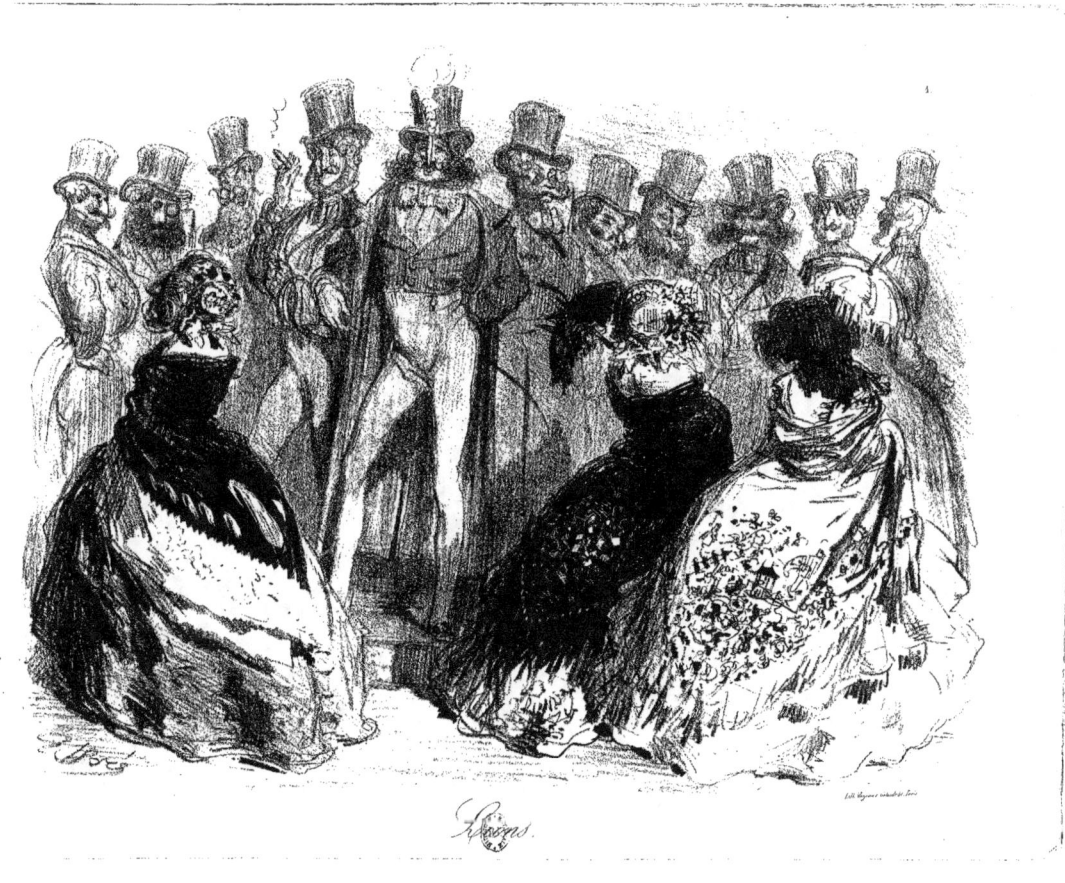

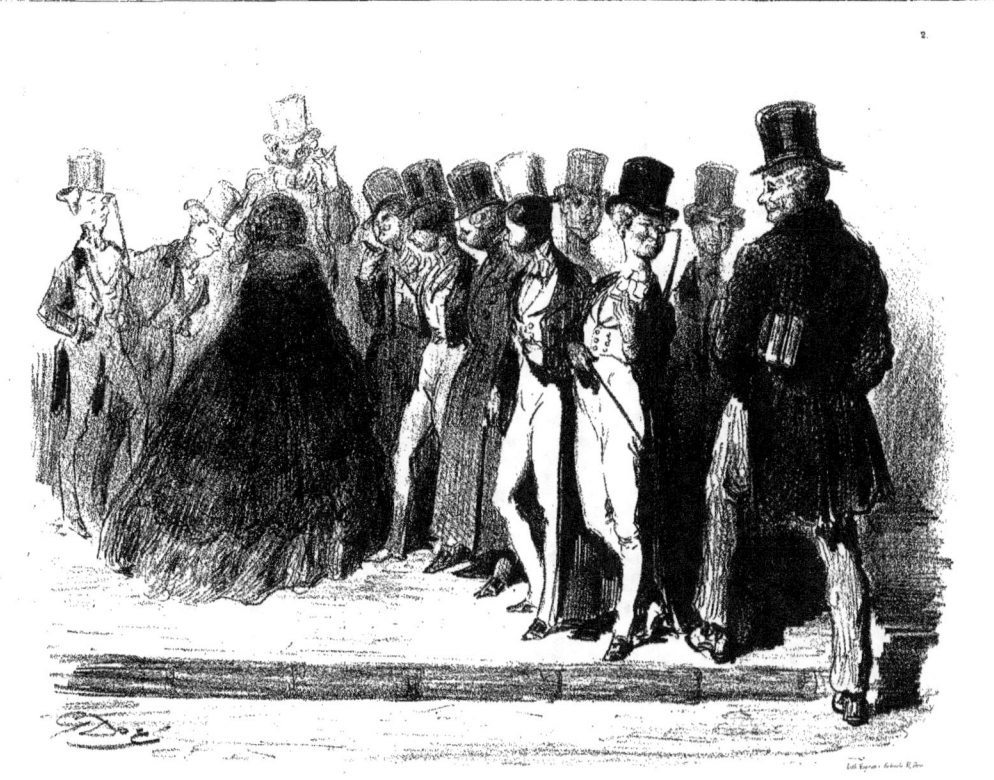

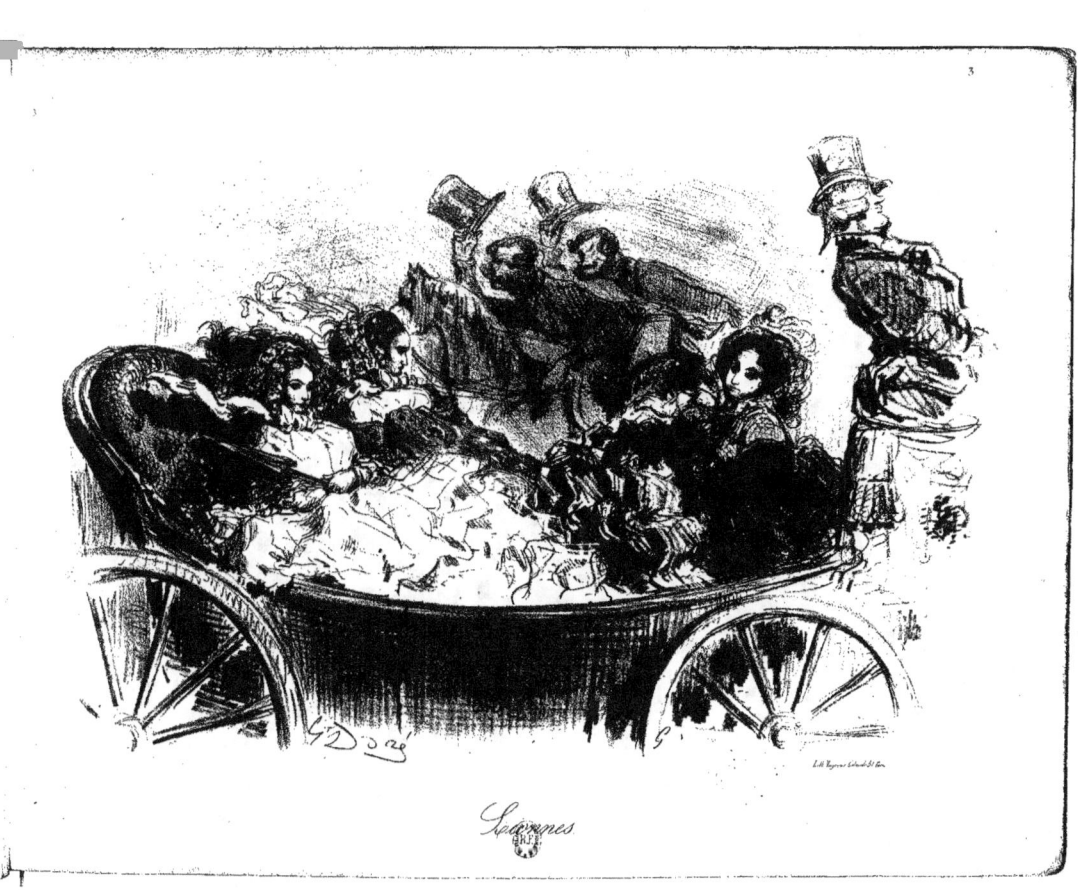

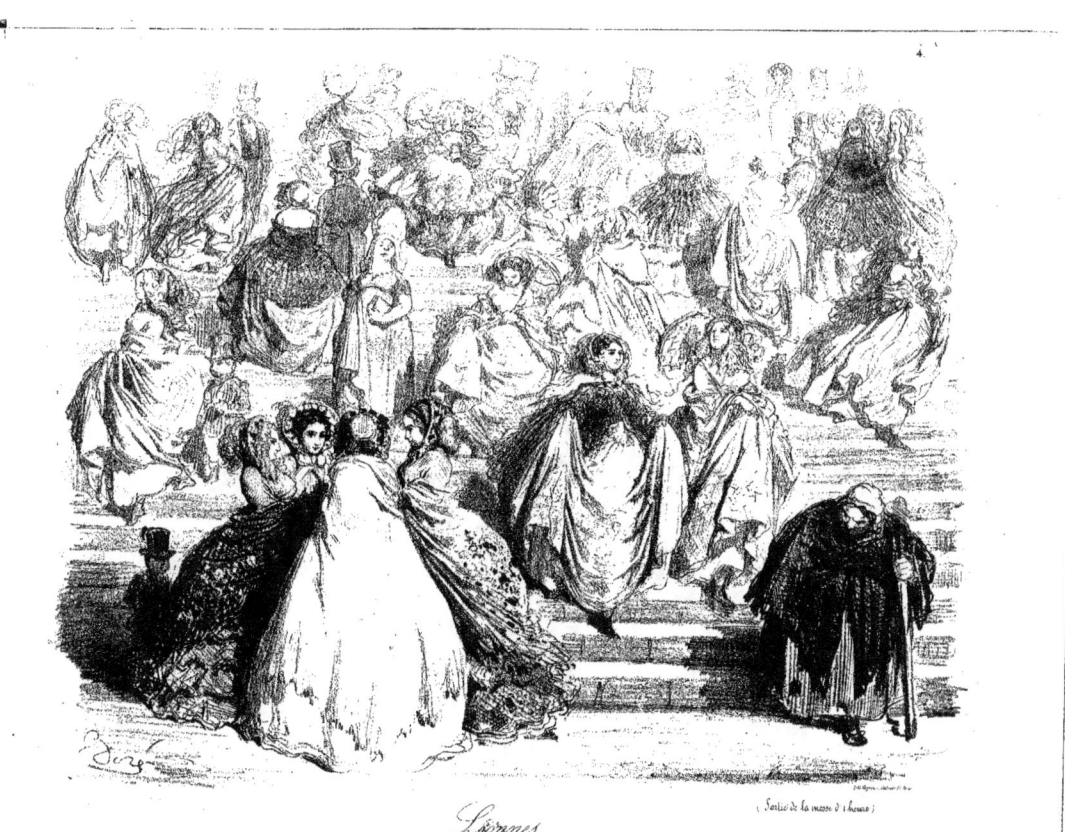

Lorgnes. (Sortie de la messe d'1 heure)

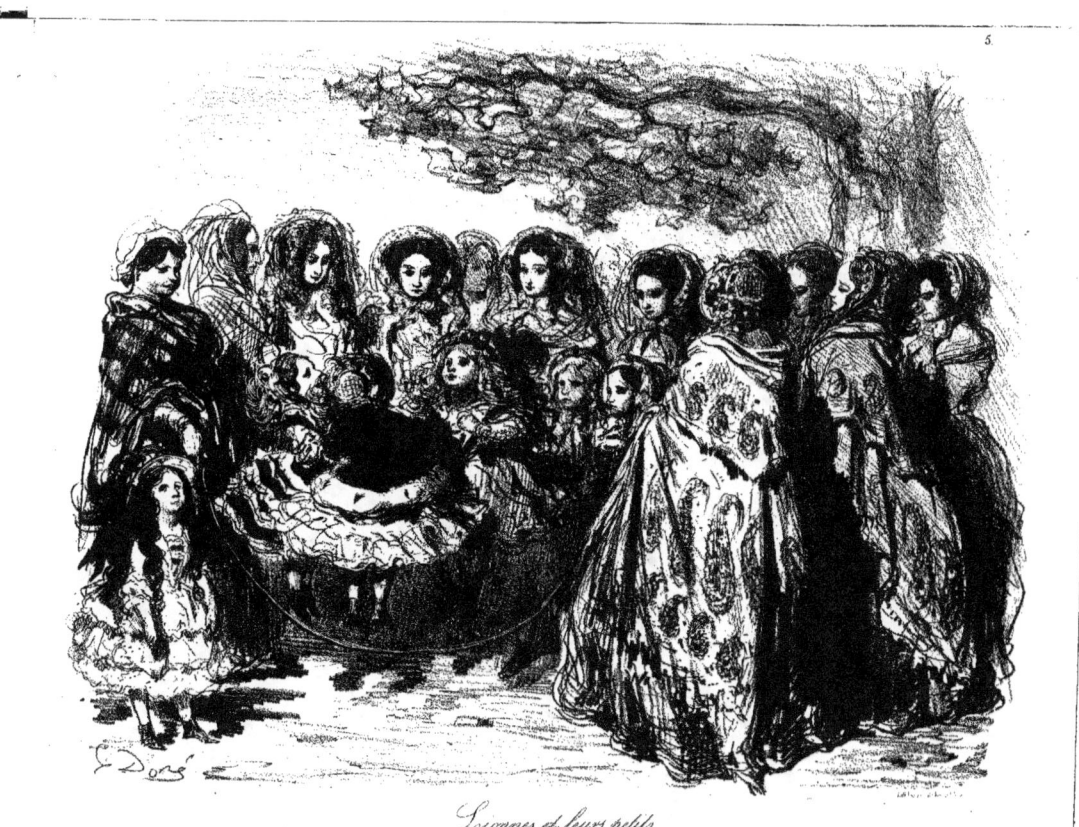

Lionnes et leurs petits.

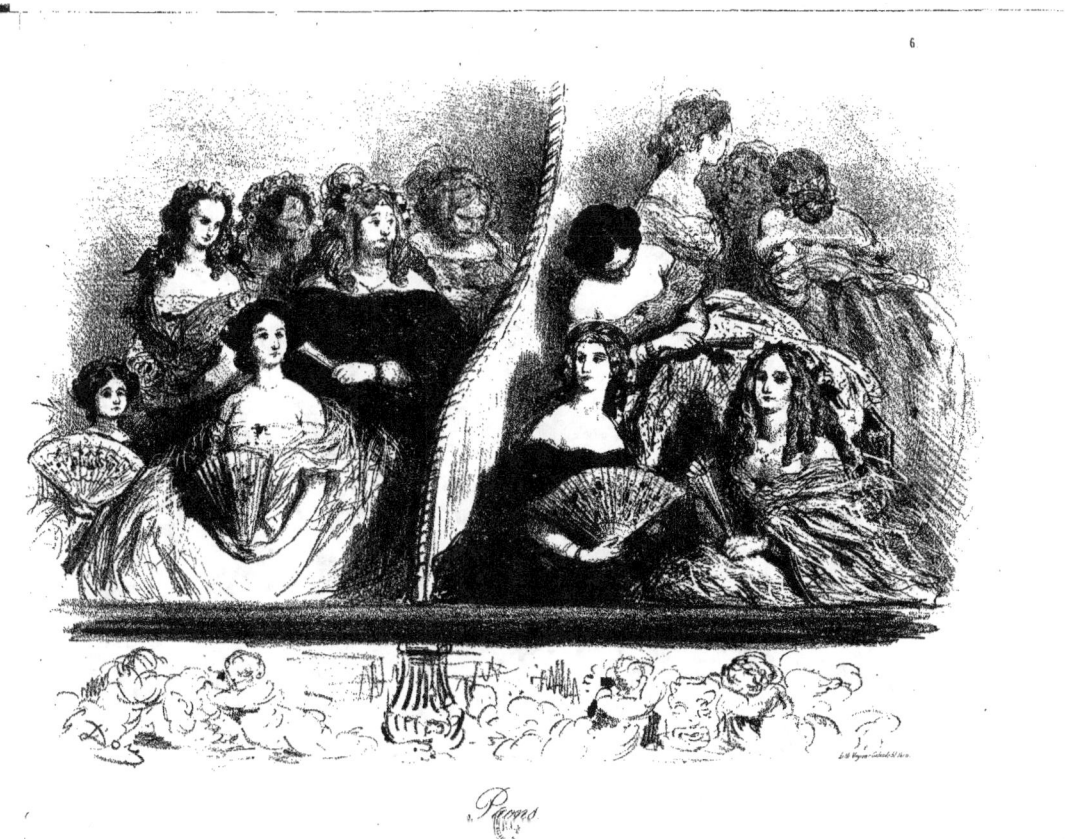

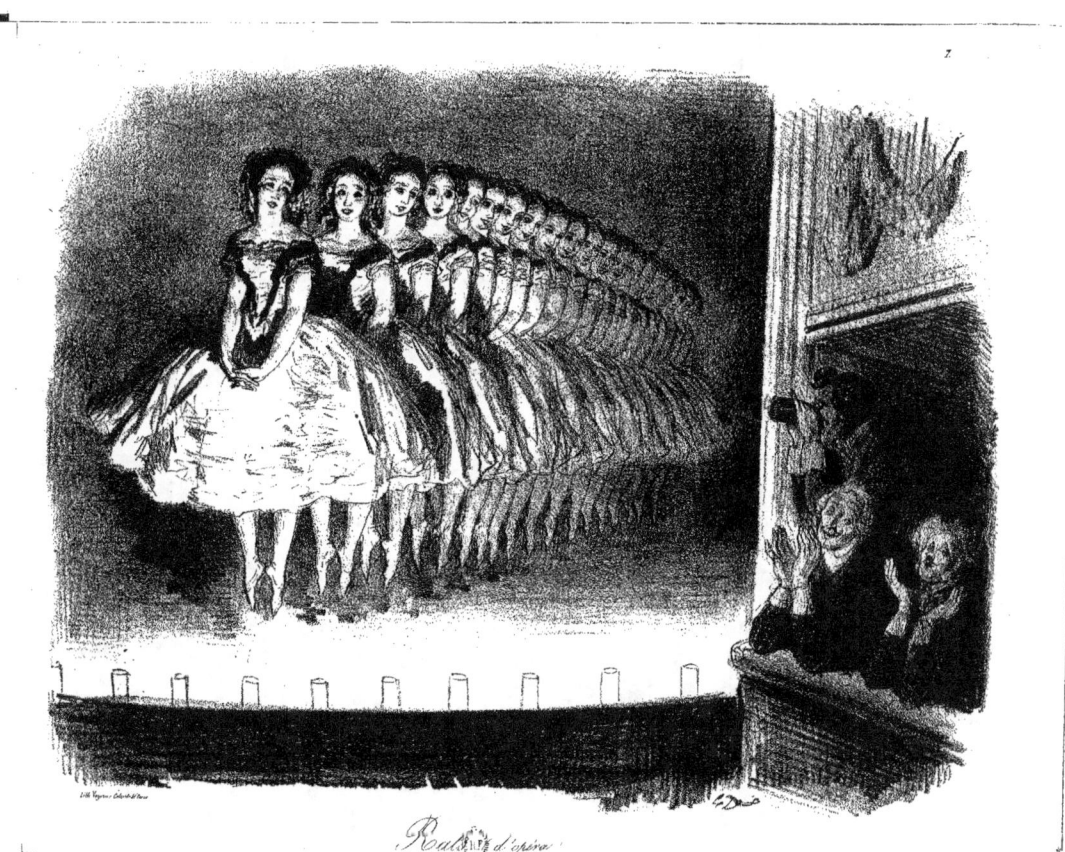

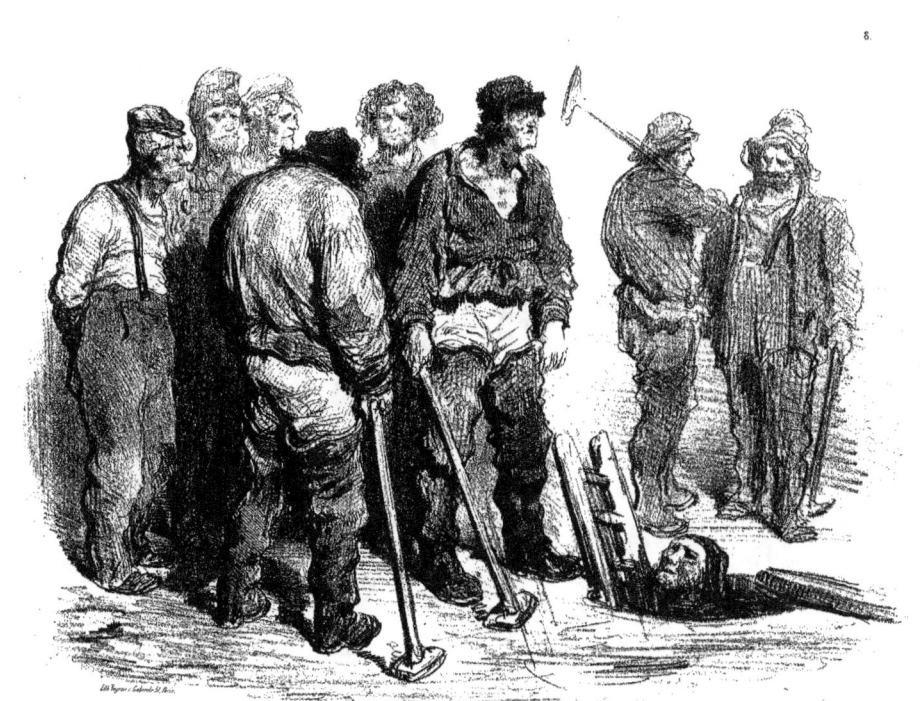

Rats (d'égout)

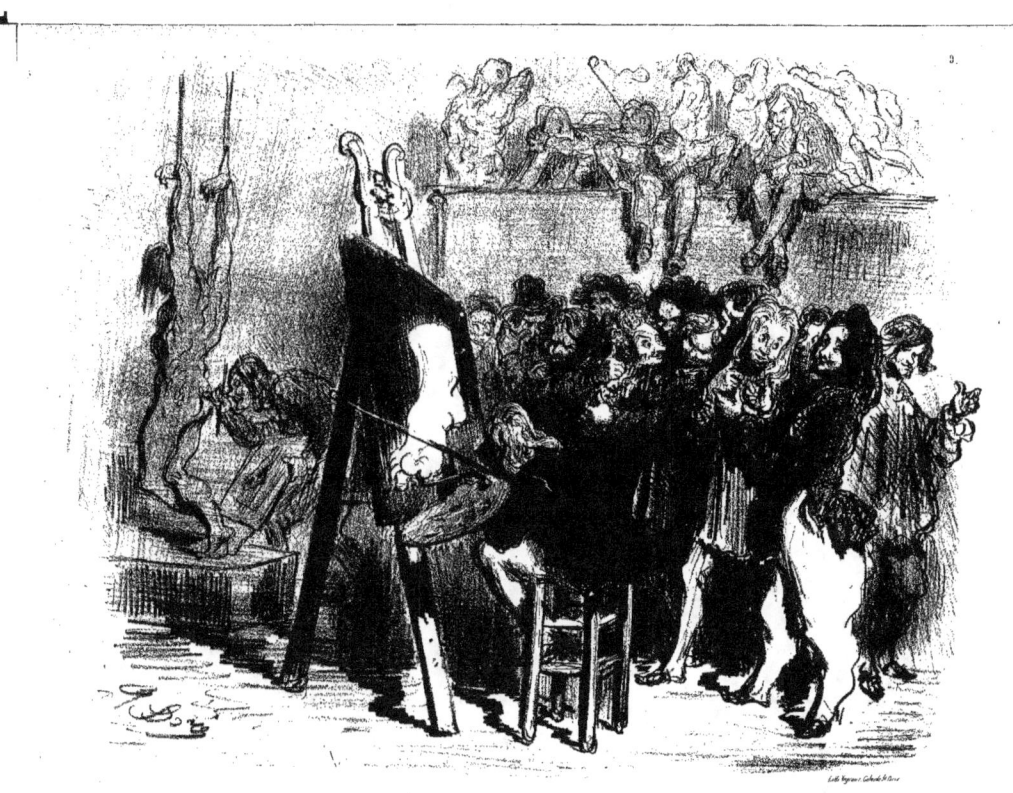

Rats peintres (alias rapins)

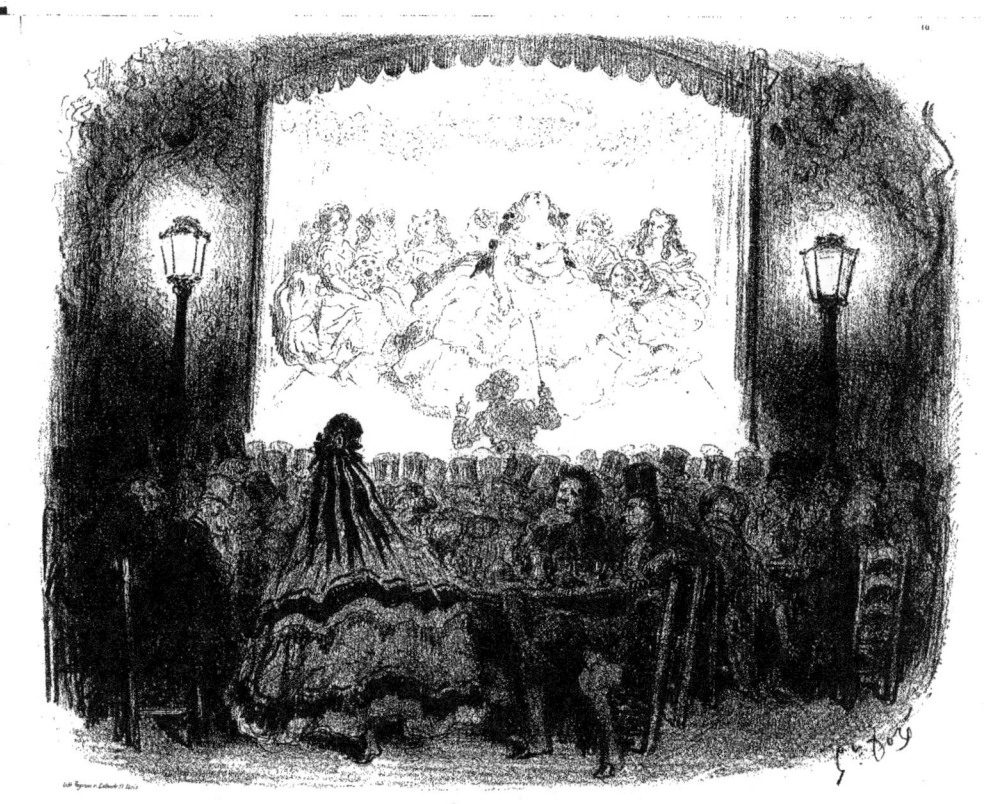

Rats de Jardin.

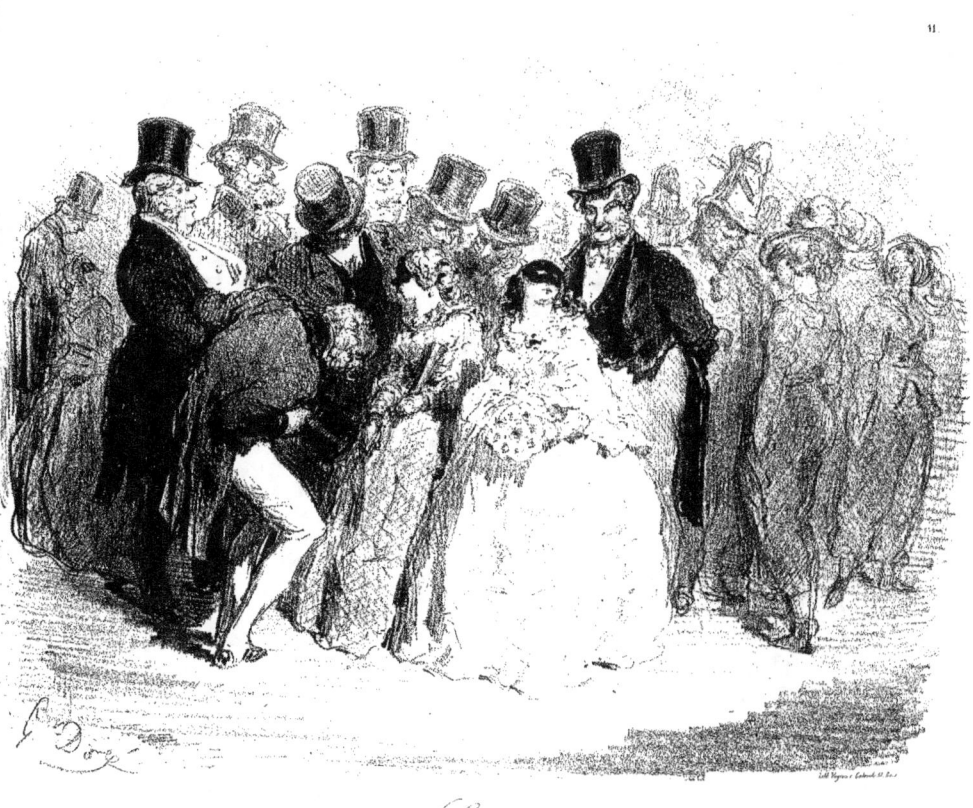

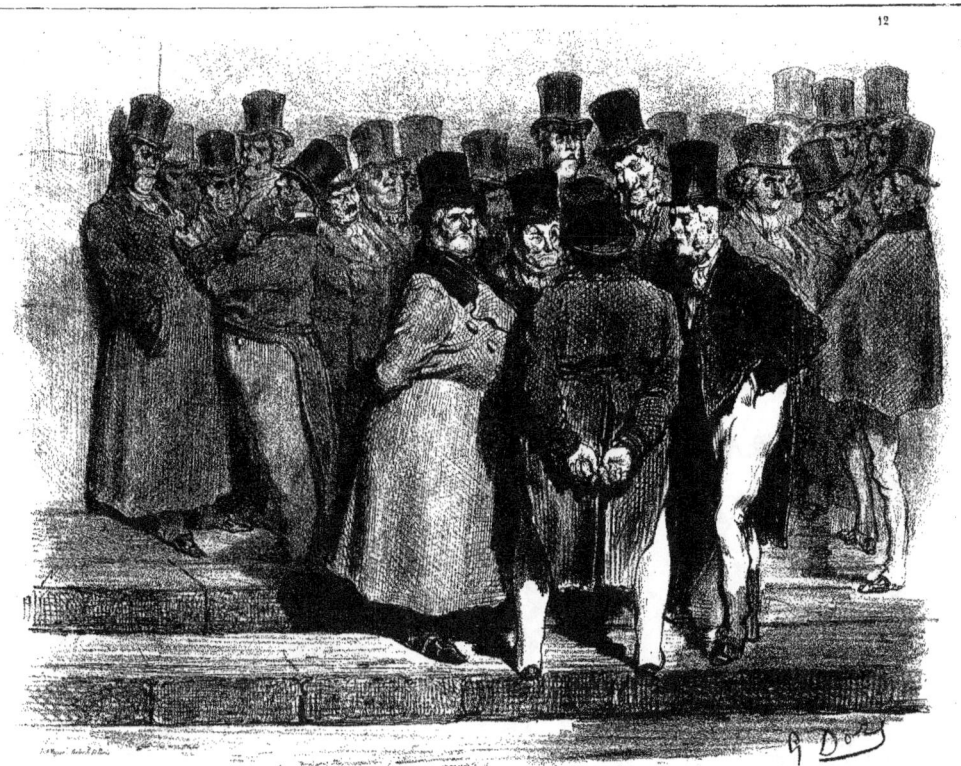

Loups cerviers.

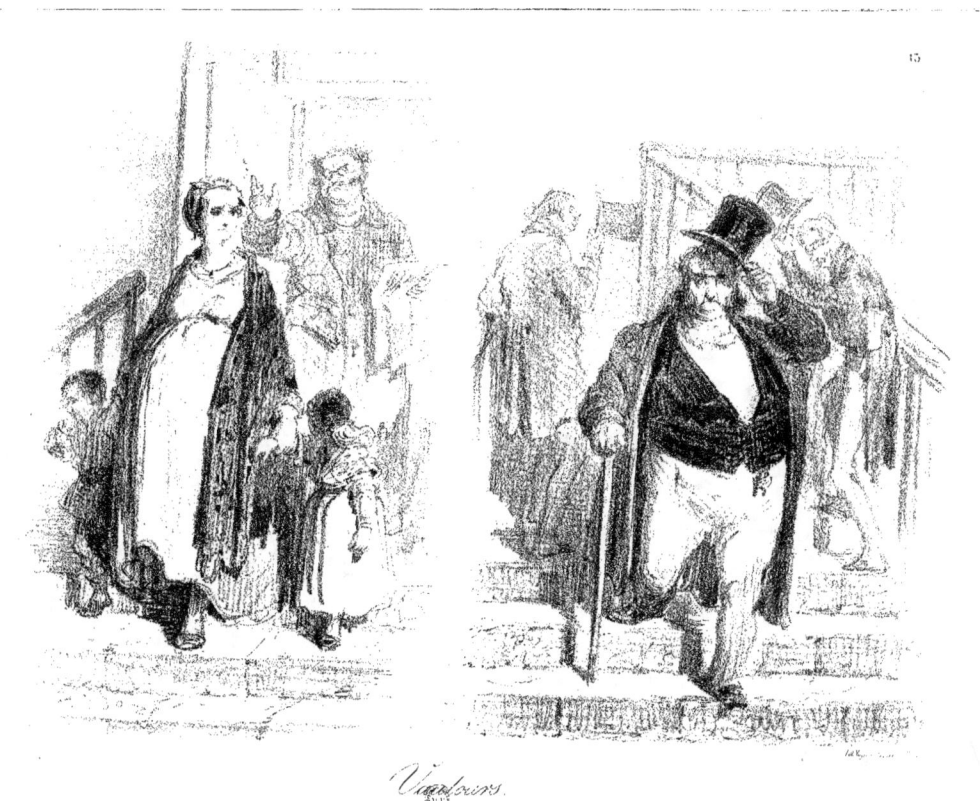

Vigoureux.

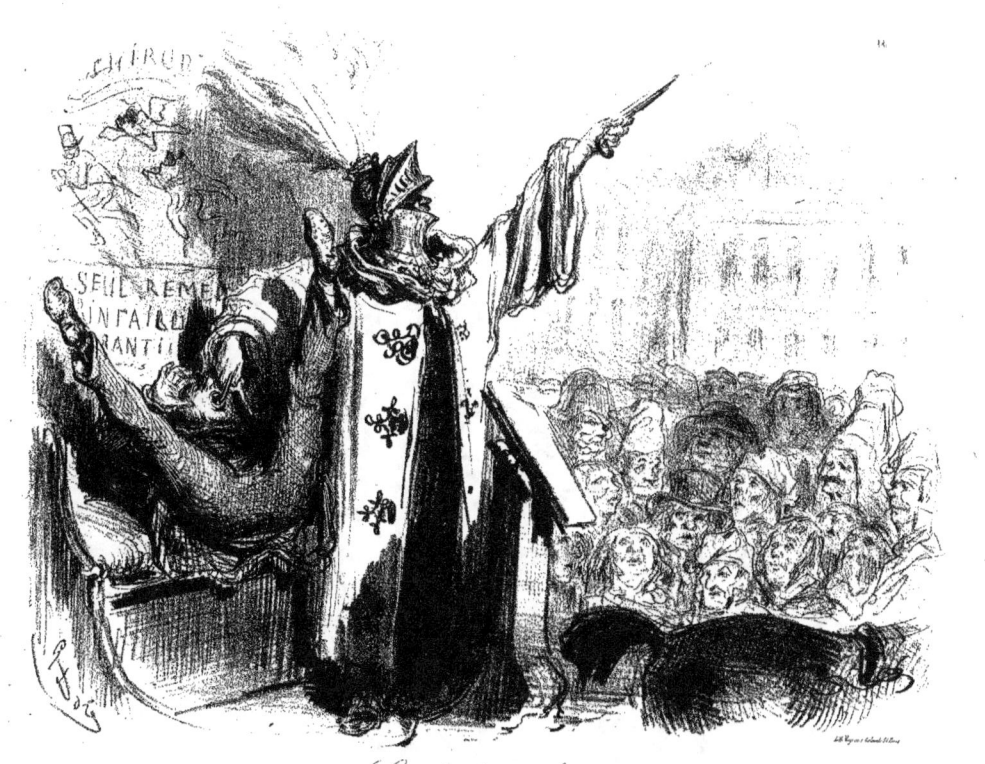

Les dindons et les oies.

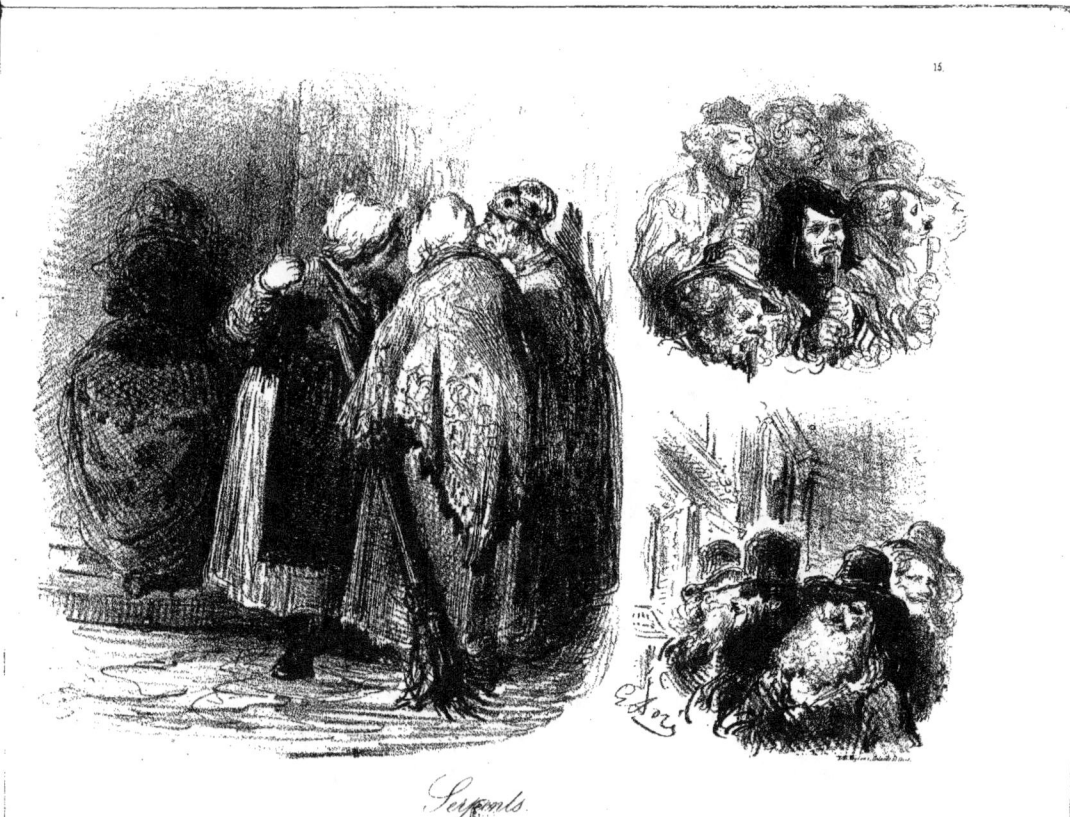

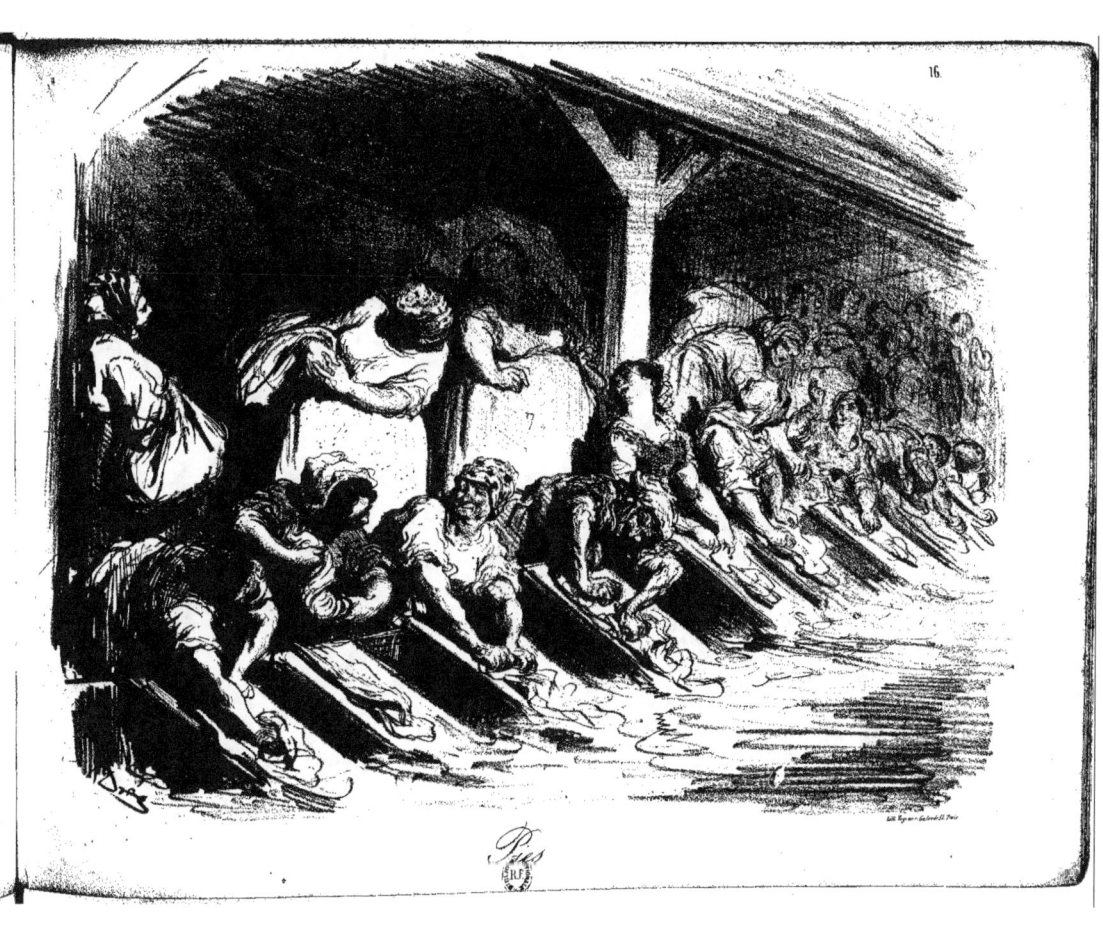

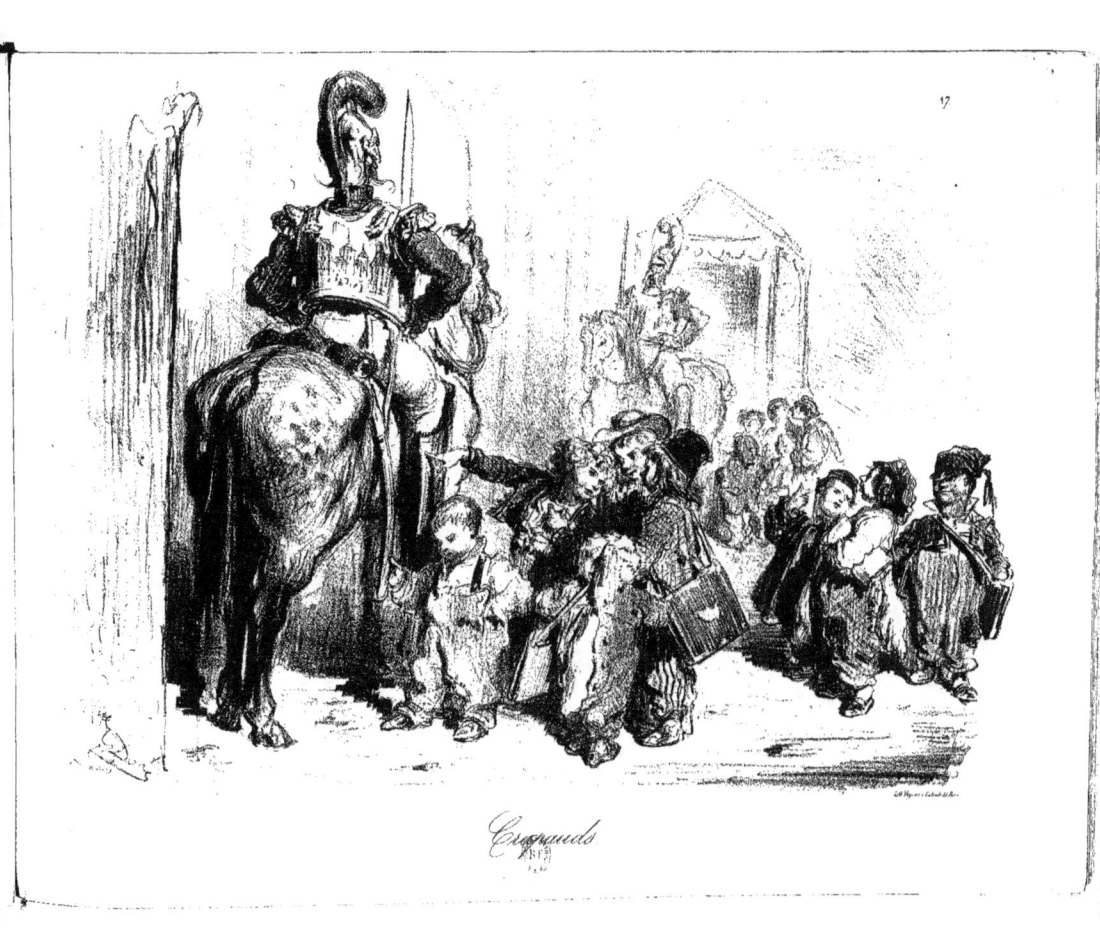

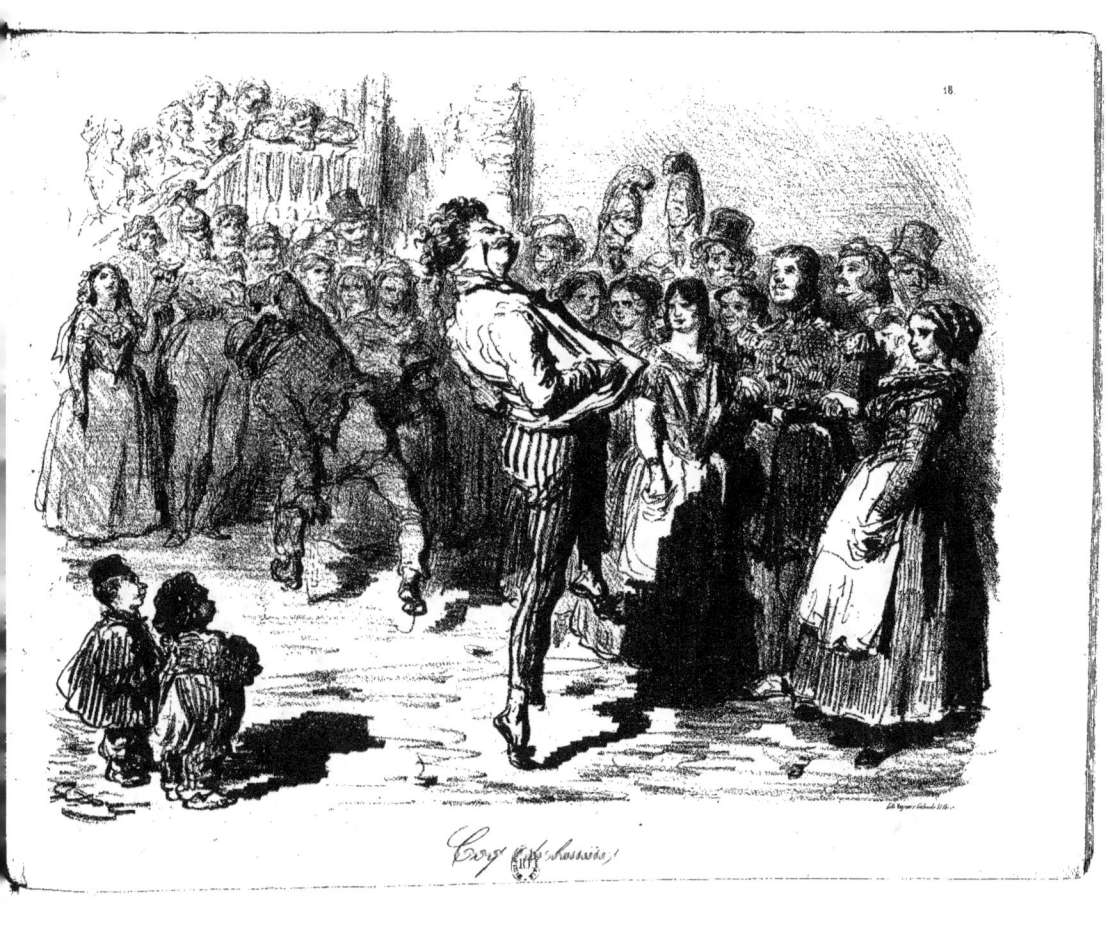

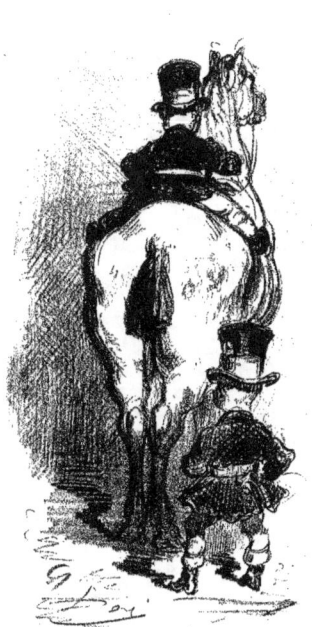 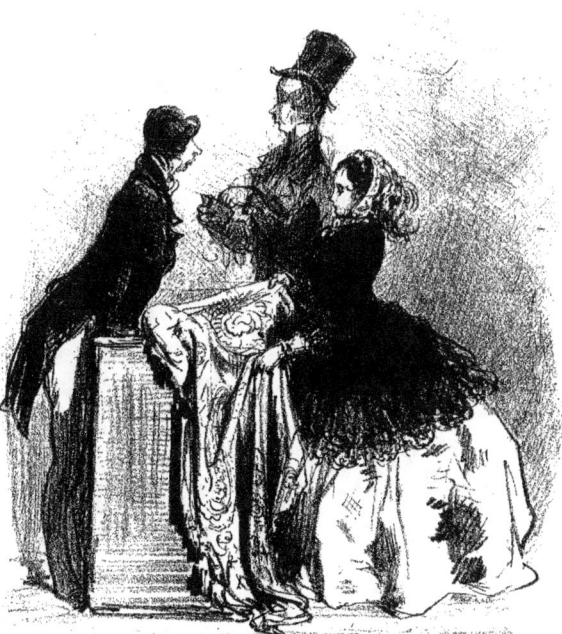

Tigre. Lion.

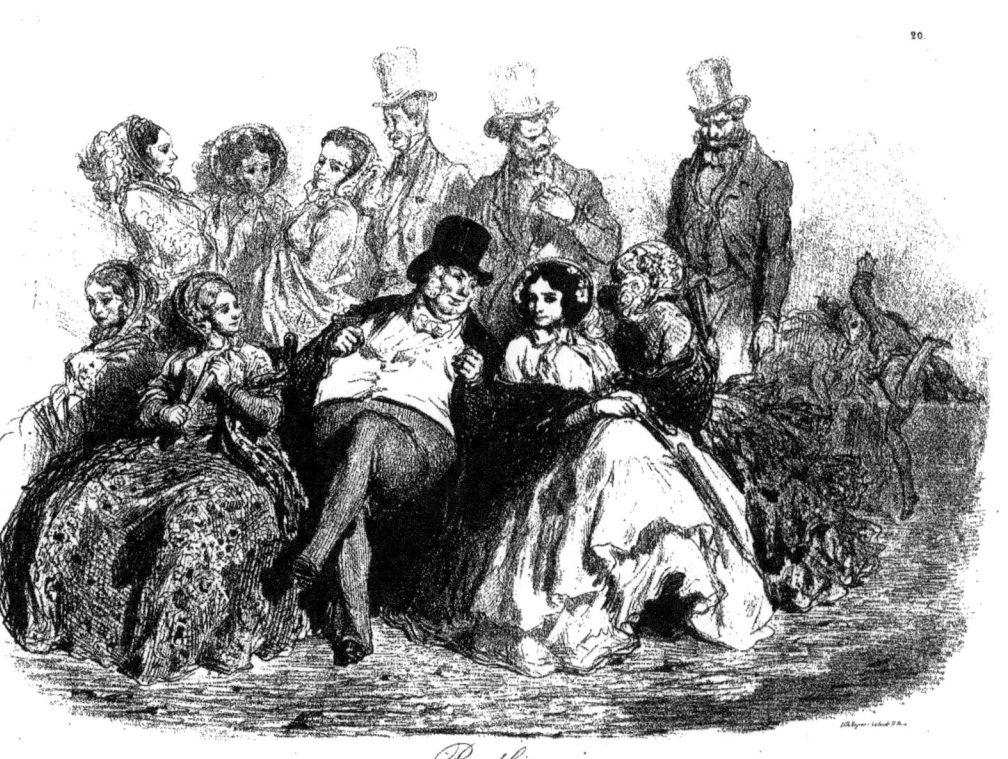

Panthères.
(Animaux féroces qui dévorent les châteaux, les fermes, les terres et les écus.)

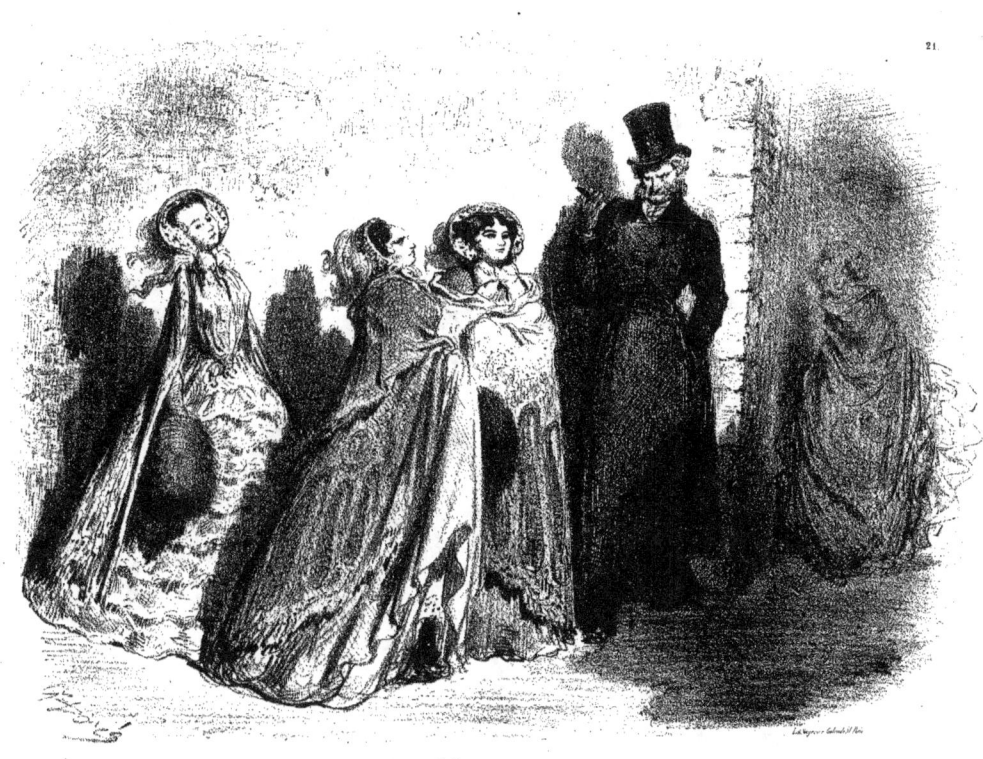

Chouettes.

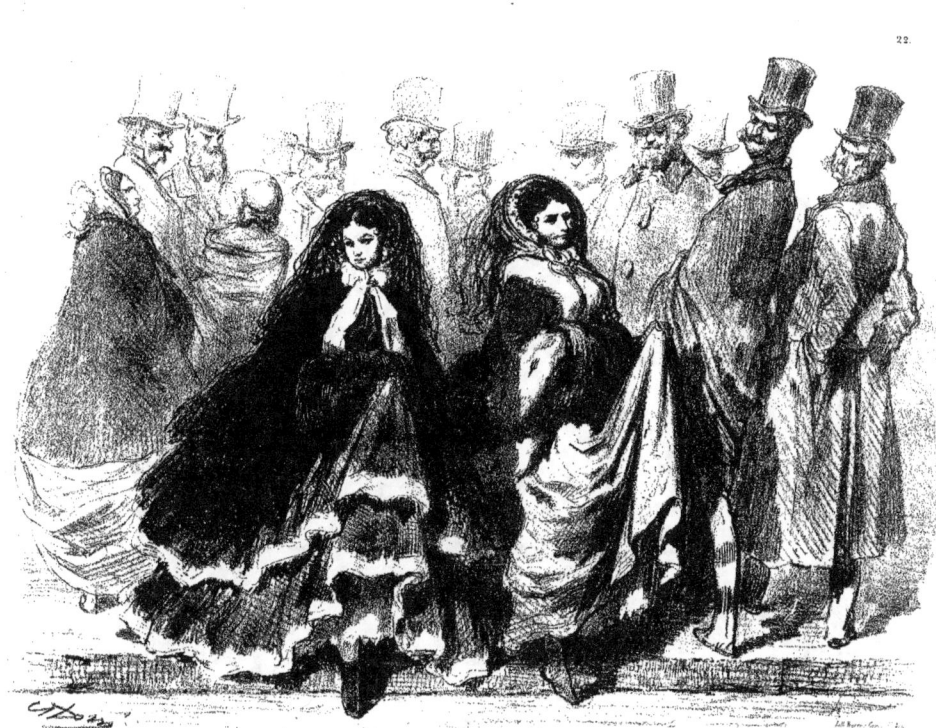

Vielles Panthères.

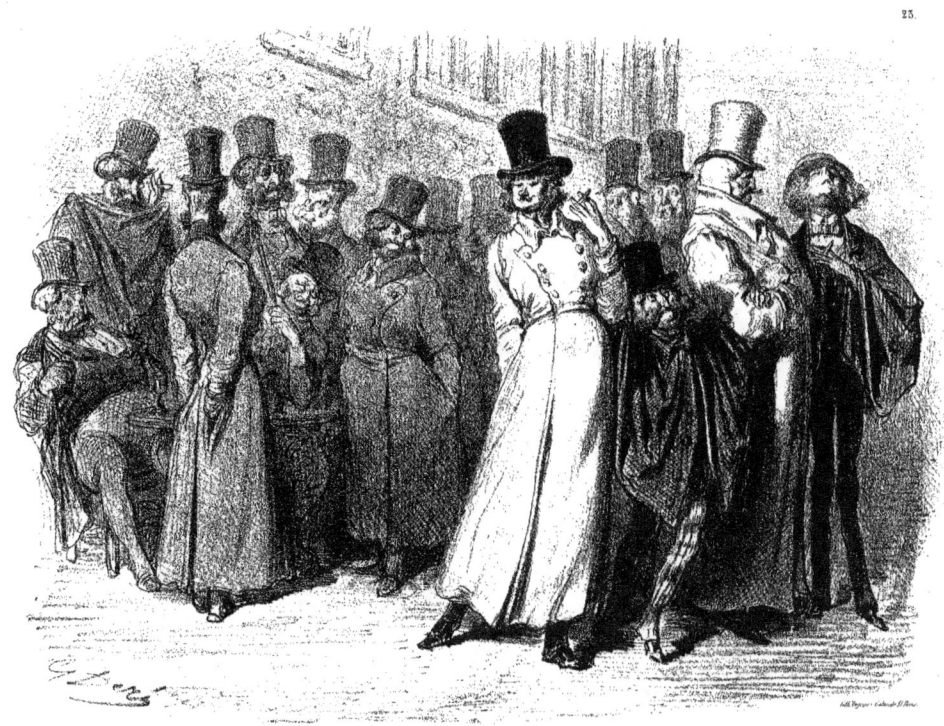

Buses.

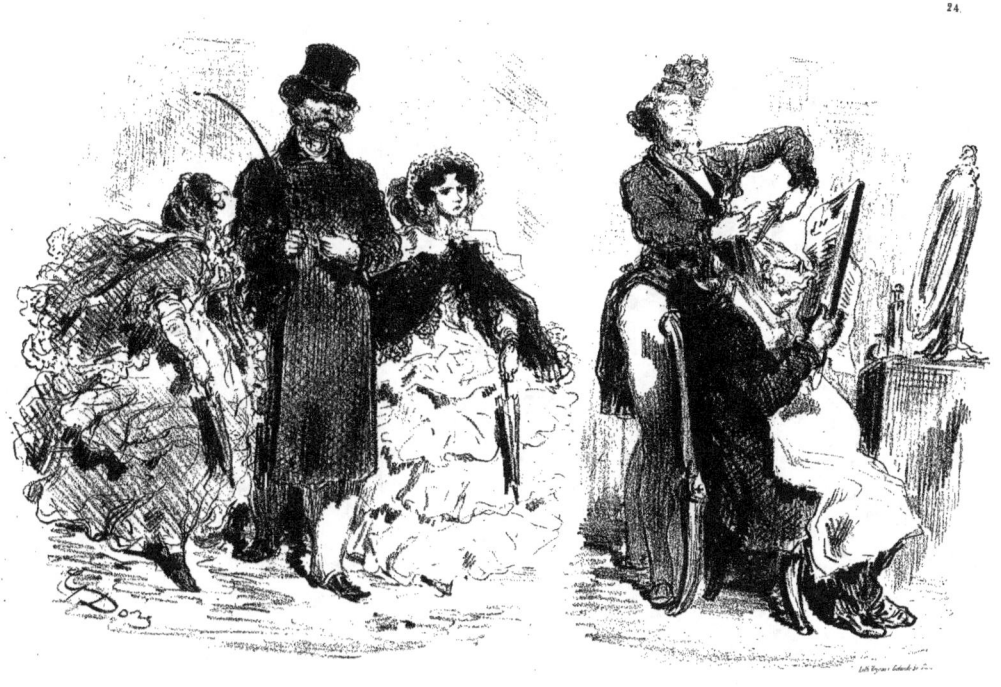

Oiseau de proie.   Merlan.

www.ingramcontent.com/pod-product-compliance
Lightning Source LLC
Chambersburg PA
CBHW050025230526
45470CB00003B/1125